中学版画教程与作品赏析

ZHONGXUE BANHUA JIAOCHENG YU ZUOPIN SHANGXI

廖向阳 编著

长江出版传媒
湖北美术出版社

学 术 顾 问：周凤甫 王鹏 陈日新 叶旭华

编委会主任：梁世安

编　　　委：梁世安 邹湘林 付梨花 胡洁莹 廖向阳

编　　　著：廖向阳

图书在版编目（CIP）数据

中学版画教程与作品赏析 / 廖向阳编著. –– 武汉：
湖北美术出版社, 2020.9
ISBN 978-7-5712-0468-6

Ⅰ.①中… Ⅱ.①廖… Ⅲ.①版画技法 – 中学 – 教材
Ⅳ.①G634.955.1

中国版本图书馆CIP数据核字(2020)第179523号

中学版画教程与作品赏析　　　廖向阳　编著

出版发行：长江出版传媒　湖北美术出版社

地　　地：湖北省武汉市洪山区雄楚大街268号B座

电　　话：（027）87679525　87679563

邮政编码：430070

印　　刷：武汉精一佳印刷有限公司

开　　本：787mm × 1092mm

印　　张：4.5

版　　次：2020年9月第1版　2020年9月第1次印刷

定　　价：80.00元

序

PREFACE

2018年9月10日，全国教育大会在北京召开。习近平总书记出席大会并发表重要讲话，强调要全面加强和改进学校美育，坚持以美育人、以文化人，提高学生的审美和人文素养。自2008年底起，石门实验中学发扬南海人"敢为天下先"的精神，在传承历史、弘扬石中人"科学、协作、拼搏"精神的基础上，将传统文化、时代文化和地域文化作为教育资源进行优化整合，提出了"有为教育"的办学理念，即为学生提供最合适的教育，让每一位学生健康、快乐、有为；少年有为，则中国有为。学校以课程为抓手，以活动为平台，以科研为指导，以文化为引领，致力于培养学生成为一个成功的学习者，一个自信的个体，一个负责任的公民，为学生的幸福成长奠基。为了更好地促进学生的全面发展和个性成长，石门实验中学在南海率先推行"课程超市"，每个学期开展近百门选修课供学生选择，其中版画作为该校的核心选修课，一直深受学生的喜爱。十二载风雨砥砺，石门实验中学始终坚持艺术教育和艺术特色的打造。春华秋实谱新章，如今，石门实验中学已经成为省内知名的版画特色学校，其在版画艺术上取得的优异成绩得到广泛认可。学校相继被评为"全国优秀传统文化传承学校""岭南少儿版画研究会理事单位""广东省版画实验基地"等。美术学科组被评为"佛山市示范教研组"。

版画，作为一门独立的艺术画种，有着独特的艺术特征和审美趣味。随着科技的进步和时代的发展，版画的工具材料、制作方法和审美观念都呈现出与时俱进、丰富多彩的特色，为学校开展版画教学提供了无限的想象空间。廖向阳老师编著的《中学版画教程与作品赏析》收录了学生版画的实验教程以及学生优秀的版画作品。这些作品受到了岭南少儿版画研究会各位专家的肯定。同时，本书记录了石门实验中学师生版画课程成长的印迹，也凝聚了廖向阳老师和其版画社团多年的创作结晶。

本书主要分成两个部分。第一部分是石门实验中学版画教学的实验教程，廖老师把多年的版画教学经验总结成一本适合初中生的校本课程，具有很强的实用性和实践性。第二部分主要收录了石门实验中学学生优秀版画作品，这些作品大部分获得了区级以上的奖励。细读这些作品，无论是人物、风景，还是其他题材，都足见学生们的用心。大面积的黑白灰对比，丰富的肌理，无不体现出版画的印痕之美。它们造型生动，形象饱满，画面或细腻，或粗犷，或生动，或严谨，或大气磅礴，或朴拙可爱。这一幅幅交织着独特的刀味与木味的作品，充分彰显出作者对版画语言的理解和表现力，更展现出他们的青春活力。更难能可贵的是，本书收录的作品均得到岭南少儿版画研究会各级专家的精彩点评，具有专业的指导性。

　　版画这朵艺术特色教育之花，能在石门实验中学这块丰盈的沃土上怒放，有赖学校领导正确的教育理念和对艺术教育的高度重视，也少不了身为广东省美术家协会会员、南海区名师工作室主持人廖向阳老师以及团队的辛勤付出。在廖老师的带领下，石门实验中学版画社团开展得红红火火，不断有高水平的新作问世，并在各级各类比赛中斩获佳绩。廖老师还做到教学相长，在积极辅导学生的同时，不忘自身学习和创作，形成了自己独特的艺术表现语言，并多次获得省级奖励。同时，他也乐于交流与分享，时常举行版画培训和版画研讨活动，带动其他学校开展版画教学。

　　让我们共同见证石门实验中学版画教学的辉煌未来。

佛山市教育局美术教研员：

2020 年 3 月 20 日

目录
CONTENTS

■ **第一部分：版画教程** 1

第一单元：认识版画 1

第二单元：黑白版画 4

第三单元：凹版画 8

第四单元：绝版套色 11

第五单元：小小藏书票 15

第六单元：纸版画 18

第七单元：综合版画 21

第一课：欣赏篇 21

第二课：技法篇 24

第三课：常见问题篇 28

▌第二部分：学生作品赏析 ·······31

31.《往事》　　　　　　吴志源

32.《翔》　　　　　　　邹振华

33.《城市·人》　　　　吴志源

34.《兔》　　　　　　　李畅妍　李俊霖　邓韵莹等

35.《山月松风》　　　　董晓喧

36.《月光微凉·花瓣轻颤》叶诗雨

37.《喧嚣·繁华·心归凝露》郑诗炫

38.《客家围屋》　　　　陈　曦　梁浩贤　罗绮琳
　　　　　　　　　　　吴雨澄　谢雨洋　祝君浩
　　　　　　　　　　　侯文俊　刘佳雯　周春余
　　　　　　　　　　　钟晓晴　周泆筠

39.《幸福》　　　　　　张泳仪

40.《热闹的港口》　　　姚芷晴

41.《三棵树》　　　　　范洁莹

42.《无题》　　　　　　董晓喧

43.《花语》　　　　　　林小莹　黎超然　周怡然
　　　　　　　　　　　唐铃娜　关炜凡　程　越
　　　　　　　　　　　包卓灵　李晓姗

44.《绿光森林》　　　　廖娟丽

45.《秋雨阳》　　　　　柯　钦

46.《还我大自然》　　　梁碧峰

47.《明日星辰》　　　　容靖琪

48.《皇帝的新装》　　　李观位

49.《印第安公主》　　　莫迪斯

50.《三匹马》　　　　　邹振华

50.《无题》　　　　　　徐焕华

51.《含笑春风》　　　　许侯洁

52.《梦》　　　　　　　黄蒋菲

53.《花语》　　　　　　陈　曦　梁浩贤　罗绮琳
　　　　　　　　　　　吴雨澄　谢雨洋　祝君浩
　　　　　　　　　　　侯文俊　刘佳雯　周春余
　　　　　　　　　　　钟晓晴　周泆筠

54.《生机》　　　　　　刘穗玲

54.《众生相》　　　　　邹振华

55.《忆》　　　　　　　吴志源

55.《鸡鸣喜报丰收果》　廖　艺　翁卓轩　陈晓琦
　　　　　　　　　　　肖惠桐

56.《梦》　　　　　　　张泳仪

57.《我的未来不是梦》　董晓喧

57.《马与琴》　　　　　成敏仪

58.《骑马》　　　　　　曾俊鹏

59.《康有为》　　　　　曾俊鹏

59.《海底世界》　　　　谢思淇

60.《海底的秘密》　　　杜喆瀚

60.《精灵》　　　　　　徐焕华

61.《海底世界》　　　　屈泓睿

62.《芳心》　　　　　　董晓喧

63.《爱在延伸》　　　　李丽姗

64.《海底世界》　　　　张泳仪

64.《幻变天城》　　　　吴俊颖

65.《海底世界》　　　　蔡欣琳

66.《岭南建筑之美》　　老均晴　冯芷萱　彭思源
　　　　　　　　　　　颜古德　李毅琳　朱尚文
　　　　　　　　　　　卜俊谦　黄静文　蔡欣洋

66.《狮舞岭南》　　　　何致运　潘可儿　陈泳莹
　　　　　　　　　　　李雅霖　黄海棠　梁晓楠
　　　　　　　　　　　唐之韵

第一单元 认识版画

欣赏与探索

一百元人民币

《沉思》 综合版画 廖向阳

琢节探讨

拿出一张一百元人民币，用手摸摸，是什么样的感觉？

我想说：_____

_____

_____

_____

实践与创新

1.什么是版画

版画：造型艺术之一，是指在各种不同材料的板面上通过雕刻或蚀刻制版后印刷出画面的一种绘画形式，可有限制地复印出多份不影响其艺术价值的原作。

2.版画的种类

① 从类型上分，版画有四种：凸版、凹版、平版和孔版版画。

② 从材料上分，凸版版画有木刻、麻胶刻、石刻、砖刻、纸刻、石膏刻等。凹版版画有金属（主要是铜和锌）版画、赛璐珞版画、纸版画等。平版版画有石版画、独幅版画等。孔版版画有丝网版画、纸孔版画等。各种不同类型版画由于所用材料不同，刻版工具和方法也各异，形成了各自的特色。

琢节探讨

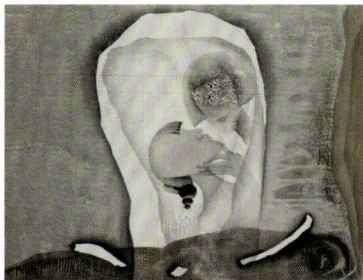

《双人行1》
水印版画 陈小凤

《翔》
绝版套色 廖向阳

《高原印象之一》
综合版画 廖向阳

《逆行者》
黑白木刻 黄培典

《陇原雪融之二·瑞雪兆丰年》
中国画 张惠荣

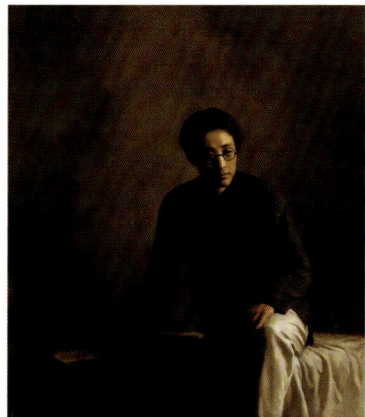

《瞿秋白在狱中》
布面油彩 靳尚谊

观察一下以上作品的种类，它们各自的特点在哪里？

我想说：_____

_____

_____

_____

3.版画制作的工具和材料包括

油墨、滚轮、刻刀、木蘑菇、纸、复写纸、版画机等。

版画机

思考与评价

1.版画与其他艺术门类的区别是什么？

2.你喜欢哪一种版画？请你说说喜欢的理由。

我想说：_____

_____

_____

_____

第二单元 黑白版画

1.作品欣赏

《傩韵之一》 杨修林

《傩韵之二》 杨修林

《傩韵之三》 杨修林

2.认识不同刀具所产生的不同效果

三角刀所产生的效果

圆刀所产生的效果

4

平刀所产生的效果

斜刀所产生的效果

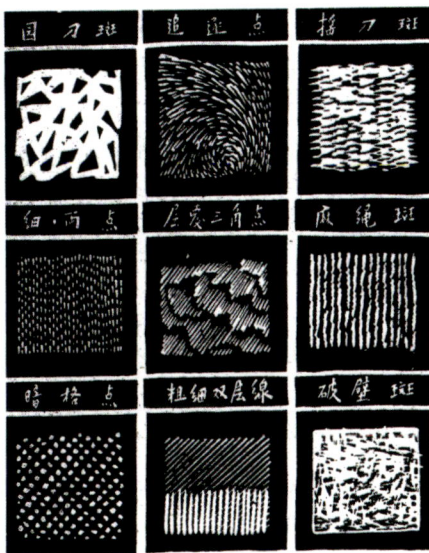

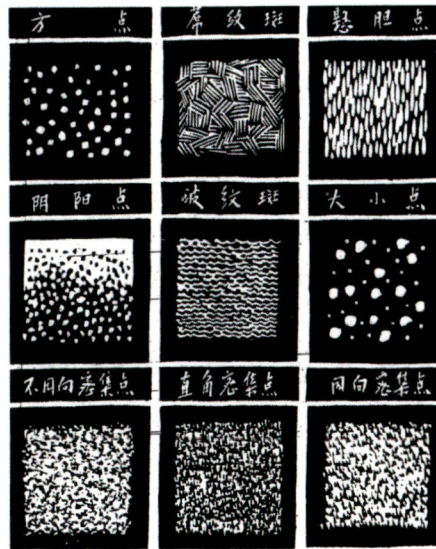

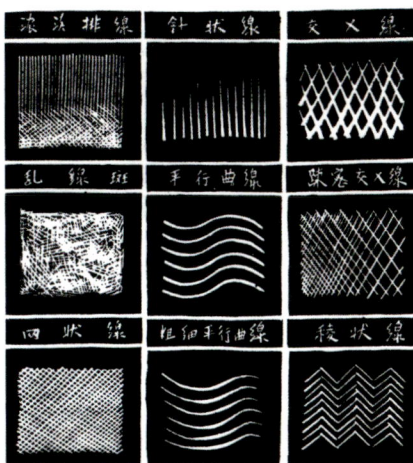

李桦先生雕刻方法图示

三角刀的效果

圆刀的效果

平刀的效果

混合刀的效果

3.如何安全用刀

① 刻版时必须坚持"持刀手在前，辅助手在后"的用刀原则，不论从哪个方向刻都必须严格执行，不能有半点疏忽。

② 不用木刻刀时，不要随意乱丢，要收入盒子里。

③ 在教室走动时不要将刀握在手上，要放到盒子里。

④ 对人说话，与同伴打闹、玩耍时，绝对不能用刀指指点点。

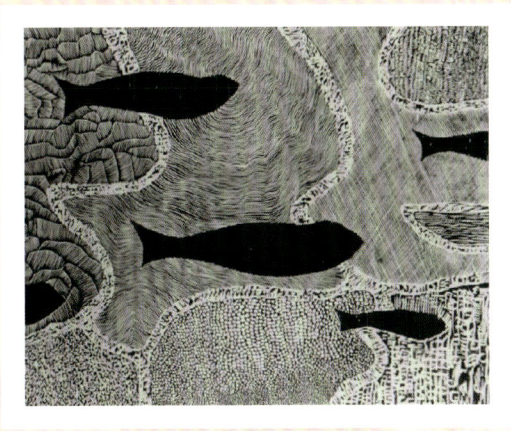

《有鱼的风景》 陈国毅

《矿井下》 保里斯拉夫

琢节探讨

观察一下，看看你喜欢什么样的刀法，并说说你的理由。

我想说：_____

_____

_____

_____

表现与创造

找一个你喜欢的刀法临摹小版。

7

第三单元 凹版画

欣赏与探索

1.欣赏图片

《小鸡》 董少蓉

《可爱的一家》 廖艺

琢节探讨

鸡有哪些特征？

我想说：_____

_____

_____

_____

2.什么是凹版画

　　凹版画通常以针、刀为工具，用素描的方式进行表现，颜色深处多刻，颜色浅处可以少刻或者不刻。

　　凹版画的工具与材料：

针刻板

针刀

课堂探讨

凹版画要注意什么？

我想说：_____

_____

_____

_____

3.凹版画的步骤

① 画素描稿；② 刻版；③ 印制签名。

①

②

③

4.签名方法

在画面的下方用铅笔写上印数、题目、版种、签名、时间等（如下图所示）。

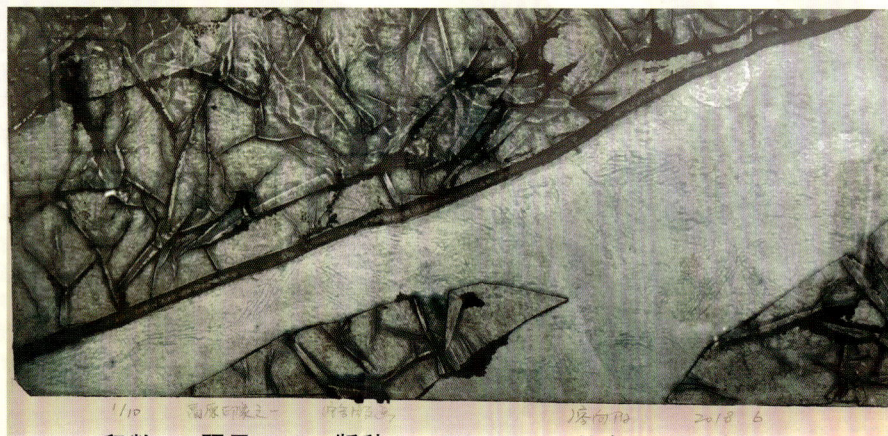

印数　　题目　　版种　　　　　签名　　时间

表现与创造

完成一幅以鸡为主题的凹版画作品。

第四单元 绝版套色

欣赏与探索

1.作品欣赏

《绿光森林》 廖娟丽

《海底世界》 张泳仪

《爱在延伸》 李丽姗

《三棵树》 范洁莹

这些作品的特点是什么？请说说你喜欢的理由。

我想说：_____

_____

_____

_____

2.什么是绝版套色

绝版套色的制作方法与套色版画基本相同，区别在于将套色版画的多版印刷改为在一张版材上印刷。制作时从亮色刻起，刻一版印一次，由色版到主版一层层刻下去，待全部刻完印完才结束。

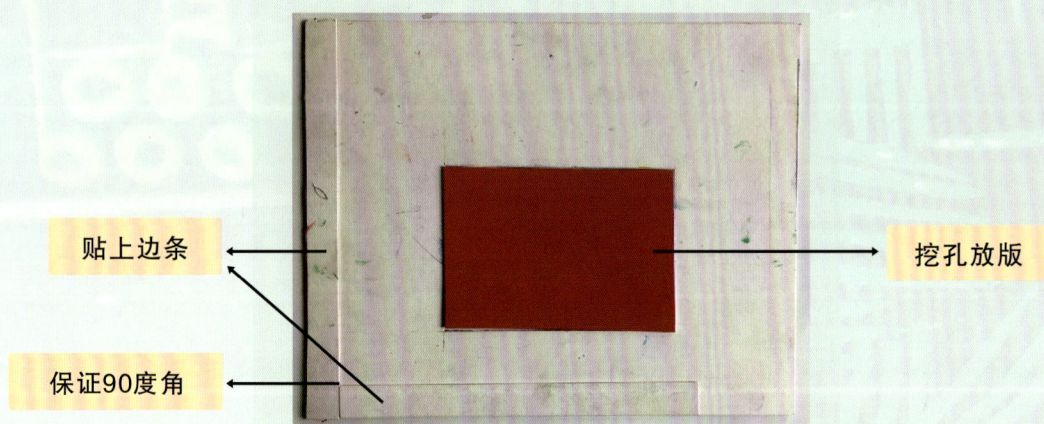

贴上边条

挖孔放版

保证90度角

温馨提示：

挖孔时一定要注意孔的大小，不能太大也不能太小，刚好能把版嵌进去即可。

琢艺探讨

制版的方法，你还有哪些不明白的吗？

我想说：_____

_____

_____

_____

3.创作步骤

《异境奇观》 王昆

① 画稿
（画稿时要将画纸反过来画，然后拷贝到版上。先刻出白色的轮廓线，再将其他部分印成中黄色。）

② 刻黄色部分，印浅绿

③ 刻浅绿，印黄绿

④ 刻黄绿，印深绿

⑤ 刻深绿，印红色

⑥ 刻红色，印黑色

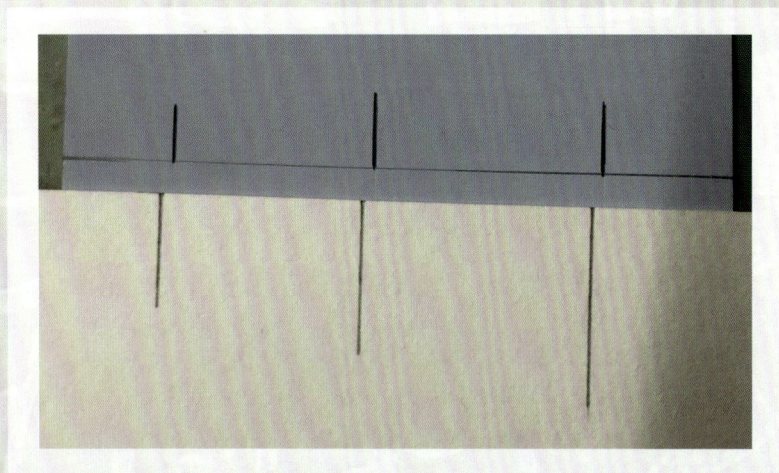

琢节探讨

套色版画要注意什么？你觉得最难把握的地方在哪里？

我想说：_____

_____

_____

_____

表现与创造

完成一件花卉题材的套色版画作品。

第五单元 小小藏书票

1.什么是藏书票

藏书票是供藏书用的，其最初的功能和藏书印章一样，属于个人收藏的一种标记。藏书票起源于15世纪的欧洲，20世纪30年代传入我国。

2.藏书票的意义

藏书票是一种具有实用和审美双重属性的艺术品，是贴在书籍扉页上的微型版画。藏书票小巧玲珑，印刷精美，常常让人爱不释手，能引发人们爱书、读书、藏书的欲望。同时，书票的欣赏与交换也增进了人与人之间的感情。所以人们给藏书票作品以"版画中的珍珠""纸上的宝石"这样亲切的赞誉。

3.藏书票的构成

藏书票的尺寸较小，最大不宜超过12cm—17cm。画面的构成一般包括富有一定含义的形象内容、藏书票主人的名号或书斋称谓（如"XX藏""XX的书"）和EX-LIBRIS字样。EXLIBRIS为拉丁语，意即"我的藏书"，因为古藏书票皆有印此字样的习惯，故沿袭成为藏书票国际通用的符号。

拉丁文EXLIBRIS有"我的藏书"的含义，是藏书票的国际通用标志

藏书人的姓名、书斋号或警句名言等

从左到右标注：版的类别、印数、年份、票主姓名

《萌萌心爱之书》 李平凡

《孟兆印藏书》 赵方军

《若昕珍藏之书》 李平凡

琢艺探讨

藏书票有哪些特征？

我想说：_____

_____

_____

_____

实践与创新

藏书票的制作步骤

① 画稿

② 制版（选择自己喜欢的版种）

③ 制版完成

④ 印制完成（《星空》 董晓喧）

表现与创造

完成一件属于自己的藏书票。

第六单元 纸版画

欣赏与探索

1.什么是纸版画

　　纸版画是以各种纸质材料做版材，运用多种手段加工、制作、印刷而成的版画。纸版画的制作方法多样，有剪贴、刀刻、笔划、镂孔，甚至可以用手撕、揉折等。其表现形式也非常丰富，可以制作凸版、凹版、孔版和综合版等。印刷颜色可用单色，也可以用套色。

2.纸版画的工具与材料

　　工具与材料主要有滚筒、油墨、调色油、白乳胶、卡纸、剪刀、各种纹纸等。

3.纸版画的种类

　　① 刻纸凸印版画：用稍厚的纸张剪或刻出形象的平面轮廓，贴于另一基纸，形成凸版，上墨或上色后即可拓印。凸出部分墨色深，可印出形象的块面，轮廓边缘呈白色；基纸上着墨少，形成中间色。

　　② 刻纸凹印版画：用坚实的厚纸，以刀、针刻画形象的线条，形成凹版，滚上油墨后，凸出来的就变黑，凹下去的就变灰或白。

纸版画的工具与材料

琢节探讨

纸版画有哪些特征？你觉得最难的地方在哪里？要注意哪些细节呢？

我想说：

实践与创新

1.拼贴纸版画的步骤

① 画稿子

② 剪和贴。
（将纸板一层一层地贴上基纸，
注意先贴大的，后贴小的，
要贴实贴牢。）

③ 用滚筒往版上滚油墨

④ 上版画机印制

印出后的效果

2.撕纸纸版画

　　运用卡纸制作，用刻刀按形象轮廓刻去卡纸的表面一层，滚上油墨后，凹下去的部分就会成为画面的白色或灰色部分。

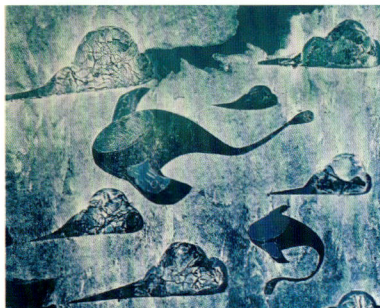

《未来飞行》 王佳怡

《绿色出行》 黄奕炀

琢节探讨

设计一件纸版画。想一想，你该怎么做？

我想说：_____

_____

_____

_____

表现与创造

完成一件纸版画作品。

第七单元 综合版画

第一课 欣赏篇

欣赏与探索

1.作品欣赏

《沉思》 廖向阳

《淀》 廖向阳

《翔》 邹振华

《童年往事》 吴志源

2.什么是综合版画

综合版画也是一种"间接型"的绘画形式。它利用拼贴、刻线、撕揭等多种技法，融合各种不同的材料，综合在同一印制底板上，表现出更活泼、更奇特的艺术效果。它与纸版画的技法有点类似，只是材料更为多样，效果更为丰富。

3.综合版画的工具

刻刀、刷子、毛笔、版画机、锥子等。

刻刀

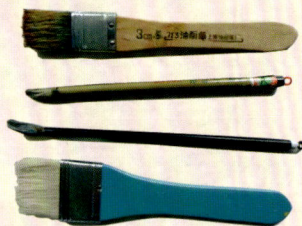
刷子

版画机

4.综合版画的材料

（1）板材：纸板、胶板、装修用的PVC板。
（2）其他材料：立德粉、白乳胶、虫胶漆、松节水、塑型膏、调色油、油墨等。

各种纹纸

各种板材

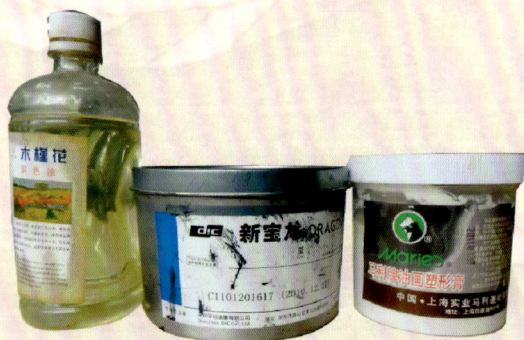
塑型膏、油墨、调色油等

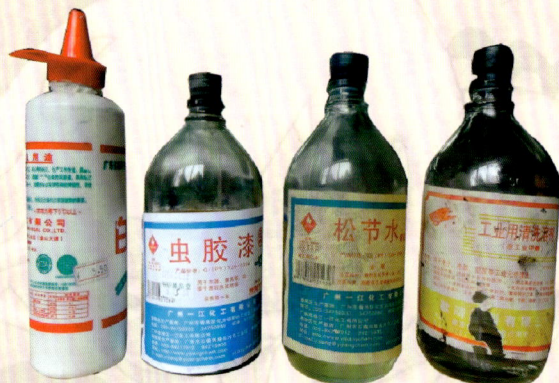
虫胶漆、白乳胶、松节水等

5.综合版画的特点

综合版画的特点是制作简单、易学，费用低廉，而效果奇特。学生通过画、剪、贴、刻、印的过程来完成作品，可以培养眼、手、脑的协调性，对学生的绘画能力、手工制作能力是一种综合锻炼。综合版画制作能产生出人意料的印刷效果，往往使初学者为之兴奋，产生极大的创作兴趣。

6.综合版画的创作步骤

（1）构思。确定表现题材及内容。

（2）构图。安排画面布局，刻画主题及局部内容。

（3）制作。合理选择材料和运用材料，以适合制版。不同的材料产生不同的肌理效果。根据表现对象的需要，选用合适的媒介材料，剪刻后用乳胶将分解的局部图样按前后层次粘贴成一个浮雕式的整体图像。然后再用刀具做一些局部的补充刻画，丰富画面效果。

（4）印刷。注意用纸、油墨、颜色及拓印的方法。以擦色版画为例，擦色版画一般是先重擦后轻擦，可用报纸擦，也可用手掌擦。擦版在综合版画中是一个重要的方法，大家可根据每一次的画面效果来进行调整。

琢节探讨

综合版画与其他版画有什么不一样的地方？它的优点在哪里？你觉得它的难点在哪里？

我想说：_____

_____

_____

_____

第二课 技法篇

实践与创新

1.画

用立德粉（或金钢砂）加白乳胶调成牛奶状，像画工笔画一样往板面上画，记住，画得越是粗糙，印出来的效果越是深重。

① 用金钢砂加白乳胶画的方法做出来的原版

② 印出来的效果

① 用立德粉加白乳胶画的
　方法做出来的原版

② 印出来的效果

2. 刻

在纸板上利用刻线和刻面的方法呈现物体。

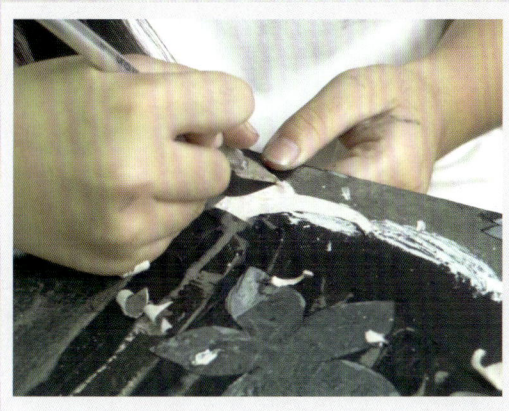

学生在使用刻的方法处理板面

用刻的方法所呈现的效果

温馨提示：

　　有一种卡纸，叫丽彩卡纸，它有很多层，包括光滑的层和粗糙的层。我们将形象刻出来，其余的部分就成了画面中深色的部分，画面中的黑白关系就出来了。

① 用刻的方法做出来的原版

② 印出来的效果（《星空》 吴志源）

① 用刻的方法做出来的原版

② 印出来的效果（《康有为》 曾俊鹏）

3.贴

将各种纹纸等材料贴到板面相应的位置上。

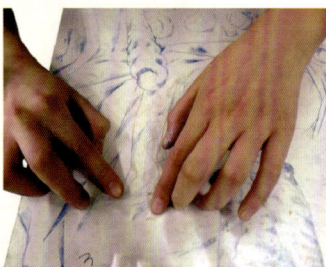

第一步：在所要贴的纸上涂上白乳胶。

第二步：贴到规定的位置上，注意一定要贴实贴牢。

① 用贴的方法做出来的原版

② 印出来的效果（《遥远的回忆》　廖向阳）

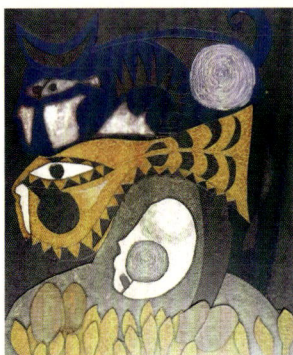

① 用贴的方法做出来的原版

② 印出来的效果（《猫与鱼》　廖向阳）

琢节探讨

综合版画的创作方法有哪些？你更喜欢哪一种技法呢？

我想说：＿＿＿＿＿＿＿＿＿＿＿＿＿＿＿＿＿＿＿＿＿

＿＿＿＿＿＿＿＿＿＿＿＿＿＿＿＿＿＿＿＿＿＿＿＿＿＿

＿＿＿＿＿＿＿＿＿＿＿＿＿＿＿＿＿＿＿＿＿＿＿＿＿＿

＿＿＿＿＿＿＿＿＿＿＿＿＿＿＿＿＿＿＿＿＿＿＿＿＿＿

表现与创造

完成一件综合版画作品。

第三课 常见问题篇

实践与创新

1.综合版画印版技法

综合版画印的过程非常重要，同样一块版可以印得非常好，也可能印得一塌糊涂。以擦版步骤为例，它的具体技法就是先重擦后轻擦，用力要均匀。

第一次的效果　　　　第二次的效果　　　　上色后的效果

2.综合版画印制过程

① 调色

用调色油与油墨混合，调匀。如果要求的效果是比较粗糙的，可以调成稀释状；如果要求的效果是比较光滑的，就可以调成浓稠状。

② 涂色

用刷子将油墨均匀地涂在版上，对于凹凸起伏大的，可以来回多次进行涂色，使每一个角落都涂抹上色。

③ 吸墨

用报纸吸去版面多余的油墨。

④ 擦版

运用手掌进行擦版，先重擦后轻擦。注意用力要尽量均匀。白的部分要多擦，黑的部分要少擦。如何把握擦版的程度，这对于初学者来说有一定难度，要不断地积累总结。每印一次要作小结，并注意在下一次的擦版中，根据上一次的效果以作出调整。

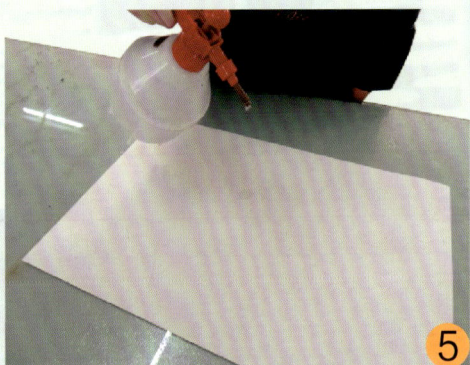

⑤ 印纸喷水

待印的纸张，需要进行喷水打平，使纸张处于半干半湿的状态下。现在用的纸张，有的是专用棉纸，有的是水彩纸，不管什么纸印前都应先打湿。但纸表面不能有积水的现象。也有些纸张要先放在水中浸泡，待吸干水后才可以印制。

⑥ 过机

在印之前要对机器的压力进行调整，调到合适的状态再开始印制。

温馨提示：

印制后的纸是处于半干状态的，如果想让你的画面平整，此时把画放在平整的地方，四周用胶水贴好，干了之后，画面就会非常平整了。

3. 综合版画的常见问题

① 画面过灰：主要原因是亮的亮不起来，黑的黑不下去。

点评：黑白对比不鲜明，中间层次没有出来。

调整后的效果（《含笑春风》 许侯洁）

点评：画面过于偏灰

调整后的效果（《山月松风》 董晓喧）

② 画面过花：主要原因是主体不突出。

③ 原版与作品造型差异大：主要原因是贴版时没贴牢实。

④ 画面过闷：主要原因是印的时候画面色彩不通透。

琢节探讨

你在创作过程中，碰到了什么问题？你觉得最难把握的是什么？

我想说：_____

_____

_____

_____

■《往事》 综合版画 吴志源
获广东省第五届艺术展演一等奖

点评：

作品中的建筑错落有致，人物动态刻画得形象生动。画中人来人往，场面热闹非凡，仿佛《清明上河图》中某个片断的缩影。画中的留白，使得热闹的人群、起伏的建筑更为突出。

点评嘉宾：
刘磊，正高级教师，广东省少儿版画教育名师工作室主持人。

■《翔》 综合版画 邹振华
获广东省首届版画展一等奖

点 评：

　　这幅作品好似一个古怪的精灵被困在围城中，作者发挥独特的想象力，给精灵插上了翅膀，使它翱翔天地间。精灵的造型生动有趣，凸显孩子自由驰骋的创造力。

点评嘉宾：
刘磊，正高级教师，广东省少儿版画教育名师工作室主持人。

▌《城市·人》 综合版画 吴志源
获广东省第四届艺术展演一等奖

点 评:

　　这是一幅刻纸综合版画,作者以较为抽象的表现手法和丰富的几何形语言塑造了城市繁杂的街景和忙碌的人们,淡淡的色彩和纸纹肌理巧妙地将黑、白、灰色块融于一体,使画面和谐而又不失视觉冲击力。从细节的表现中,我们可以看到作者一丝不苟的创作态度和丰富的想象力。

　　点评嘉宾:
邹官民,特级教师,正高级教师,广东省首批中小学教师工作室主持人。

■《兔》　套色木刻　李畅妍　李俊霖　邓韵莹等
获广东省首届版画展一等奖

点 评：

　　兔子是每一个孩子都喜欢画的动物，但很多的儿童绘画中容易将兔子造型概念化。这组作品充分挖掘出兔子造型的各种可能性，孩子们进行情境的创设，讲述了丰富多彩的故事。通过版画作品，可以看到在老师引导下孩子们对画面黑白关系的处理，更可以看到基于尊重孩子个性化表达的刀痕，三红三黄的小色块在整体画面布局中起到了点睛的作用。

　　点评嘉宾：
　　王婧，深圳市罗湖区教育科学研究院美术教研员，广东省教育名师工作室主持人。

■《山月松风》 综合版画 董晓喧
第二届全国学术展优秀作品

点 评：

　　幽静的乡村，月亮悄悄升起，村庄、树木、草垛泛着淡淡的银光，呈现出朴素而恬静、温情而深远的乡间夜景。作品构图饱满，色调统一，线条疏密有致，景物刻画层次分明，将综合版画语言与中国山水画特点巧妙结合，表达了作者对家乡美景的深深记忆和浓浓迷恋。

点评嘉宾：
邹官民，特级教师，正高级教师，广东省首批中小学教师工作室主持人。

35

■《月光微凉·花瓣轻颤》 综合版画 叶诗雨
第二届全国学术展优秀作品

点评：

从作品中不难看出，作者是个心灵手巧的孩子。画面中人物的裙子整体造型唯美自然，作者巧妙地运用了不同材质、肌理的材料进行拼接，每个部分所概括成的形状和造型都完成得非常出色，充分体现出小画家非凡的动手能力和对综合版画的深入理解。

点评嘉宾：
赵海宾，中学高级美术教师，广东省岭南少儿版画教育研究会秘书长，广东省首批少儿版画教育名师工作室主持人，中山市骨干教师。

■《喧嚣·繁华·心归凝露》 综合版画 郑诗炫
获佛山市书画比赛一等奖

点 评：

　　综合技法及材料使版画的表达有了多种可能性。郑诗炫同学的这幅作品内容丰富，表现方法独特，充满神秘感，让我们感受到了大自然的魅力。

　　点评嘉宾：
　　乔效武，广东省少儿版画教育名师工作室主持人，深圳市龙华区版画特色教研工作室主持人。

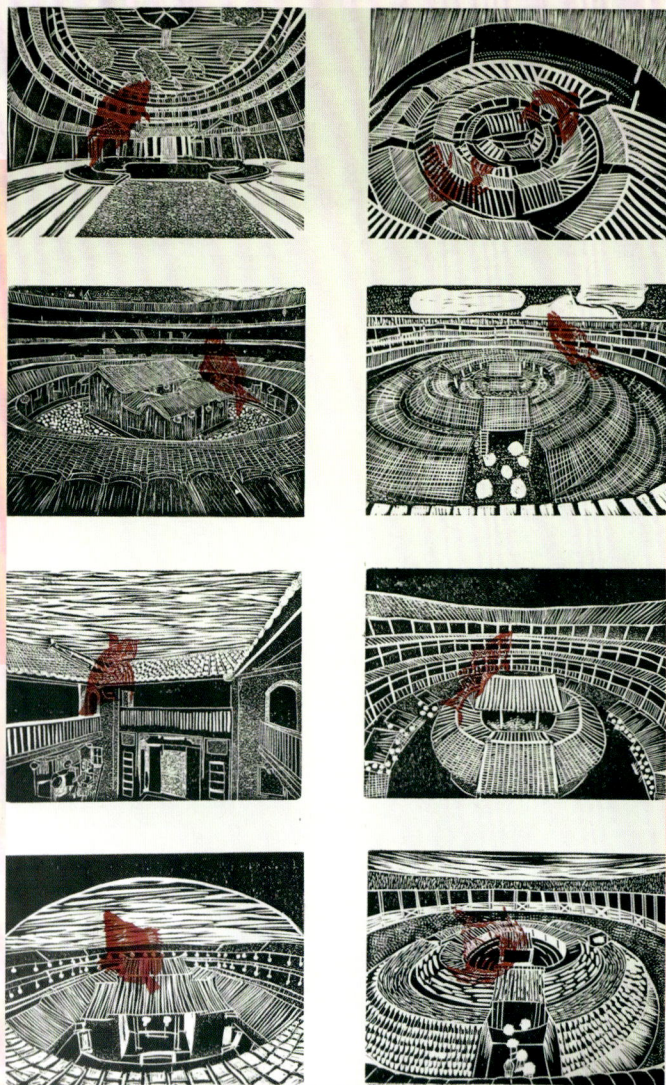

■《客家围屋》 黑白木刻 陈 曦 梁浩贤 罗绮琳 吴雨澄
谢雨洋 祝君浩 侯文俊 刘佳雯 周春余 钟晓晴 周汶筠
入选江苏东海国际版画展

点 评：

　　客家围屋是广东的典型建筑样式之一。广东的孩子对此并不陌生，甚至很多孩子的家乡就属于客家地域，围屋从小伴着自己成长。一部《大鱼海棠》的电影更是让客家围屋的形象在全世界人们的心里留下了深刻印象。孩子们结合自己对客家文化的观察和对电影元素的挖掘，进行黑白木刻的组画设计，既具有时代性，又具有历史性与文化性。

点评嘉宾：
　　王婧，深圳市罗湖区教育科学研究院美术教研员，广东省教育名师工作室主持人。

▌《幸福》 套色木刻 张泳仪

点 评：

　　这张版画作品表现的是一只狗宝宝依偎在妈妈身边，以此表达母爱的幸福。两只狗用不同动态来表现，增加它们的亲密感，加上强烈黑白对比色调，一下子就能抓住观众的眼球。背景温暖的黄色线条让画面具有秩序感，粉色荷花使整个画面协调而富有变化。从这些细节的处理中，不难看出小画家的精心构思。

　　点评嘉宾：
　　黄丽莎，中学高级美术教师，广东省少儿版画教育名师工作室主持人，深圳市教育科学规划课题主持人。

▌《热闹的港口》 套色木刻 姚芷晴
获南海区校园艺术节二等奖

点　评：

　　姚芷晴同学的这幅作品构图饱满，表现出港口的特点。作品刀法丰富、奔放，色彩富于变化而协调，以简化的造型，主次有序地表现空间氛围。作品体现出一个13岁女孩对生活细致的观察能力和表现能力，极具灵性。小建议：如能在画面下方添加热闹的人群，色调多一些黄橙类暖色以呈现热闹喜庆的氛围，作品会更加完美。

　　点评嘉宾：
　　彭产兴，中国美术家协会会员，广东省少儿版画教育名师工作室主持人。

■《三棵树》 套色木刻 范洁莹
获南海区校园艺术节一等奖

点评：

　　这张作品构图饱满，色调非常具有美感。树和人重复中又富有变化，多而不乱。主体中三棵紫色的树和黄色的人形成鲜明对比，蓝色的背景在色彩之间起到协调作用，使画面更鲜艳漂亮。

　　点评嘉宾：
　　黄丽莎，中学高级美术教师，广东省少儿版画教育名师工作室主持人，深圳市教育科学规划课题主持人。

▌《无题》 综合版画 董晓喧

点 评：

　　该作品运用了多种版画技法，小作者为追求自己独特的版画语言，采用了多种材料，利用剪、刻、贴等各种手段制版，产生了千姿百态，变化无穷的印痕。画面风格自由开放，材质印痕效果也是丰富多彩。

　　点评嘉宾：
　　赵海宾，中学高级美术教师，广东省岭南少儿版画教育研究会秘书长，广东省首批少儿版画教育名师工作室主持人，中山市骨干教师。

▌《花语》 针刻版画 林小莹 黎超然 周怡然
唐铃娜 关炜凡 程越 包卓灵 李晓姗
获南海区校园艺术节一等奖

点 评：

　　这是几个同学合作完成的一组针刻凹版画作品，表现主体都是花。作品视角各异，展现花朵不同的风采，有的表现怒放的鲜花，有的表现待放的花苞，有的表现缤纷的花瓣。凹版画独特的黑、白、灰语言丰富了主体（花）的层次感，富有象征意味，象征儿童像花一样绽放。

　　点评嘉宾：

　　王鹏，特级教师，岭南少儿版画教育研究会会长，首批广东省中小学教师工作室主持人。

■《绿光森林》 套色木刻 廖娟丽
获南海区校园艺术节一等奖

点 评：

　　廖娟丽同学的《绿光森林》紧扣绿色主题，明亮的色彩使画面充满绿的活力。画面用绿色且满构图的形式寓意全民环保主题，利用点线面的语言表现，全方位展现作者支持绿色的理念。整幅画童味突出，刀法自然细致，色调协调统一。小建议：如画面能在中心部分进行一些细致刻画，效果会更佳。

点评嘉宾：
彭产兴，中国美术家协会会员，广东省少儿版画教育名师工作室主持人。

■《秋雨阳》 套色木刻 柯钦

点 评：

　　柯钦同学运用绝版套色的方法，把秋雨后的阳光表现出来，颇有一番童味。用暖黄色点、线刻画出景物的纹理，与大面积黑色块形成对比，朴实无华，稚拙单纯。富有生命的大树，与前面一排排的小树构成了一幅田园风光。放射状的线条，表现太阳四射的光芒，寓意着生命在阳光下幸福成长。

　　嘉宾介绍：
　　王鹏，特级教师，岭南少儿版画教育研究会会长，首批广东省中小学教师工作室主持人。

■《还我大自然》 套色木刻 梁碧峰

点 评：

画面色彩统一，装饰性强，极具形式美感。

点评嘉宾：

乔效武，广东省少儿版画教育名师工作室主持人，深圳市龙华区版画特色教研工作室主持人。

▌《明日星辰》 套色木刻 容靖琪

点 评：

    容靖琪同学紧扣创作主题，分别运用抽象、具象和符号化的视觉形象，营造出"星辰"的神秘意境。木刻语言的运用，充分体现出刀痕的丰富变化和木刻的艺术趣味，画面在整体冷色调中呈现出丰富的层次，大量的线条组合也表现出强烈的节奏感。小作者对线条等视觉符号的运用还颇具梵高的表现性特征。

    点评嘉宾：
    常晓冰，珠海容闳学校副校长，珠海特区画院画家，西安美术学院客座教授，澳门大学客座教授。

■《皇帝的新装》 套色木刻 李观位
获南海区校园艺术节一等奖

点 评：

　　简单且强烈的色彩运用令人产生愉悦的视觉感受，画面中将版画印痕的艺术特征和绝版木刻的语言特征完美地体现出来。画面中人物形象设计以及场景的设计中充满了寓言故事的趣味性，在细节刻画方面，点线面等视觉元素与木刻刀法的合理运用，让画面内容更加丰富。

点评嘉宾：
常晓冰，珠海容闳学校副校长，珠海特区画院画家，西安美术学院客座教授，澳门大学客座教授。

■《印第安公主》 套色木刻 莫迪斯
获广东省首届版画展三等奖

▌《三匹马》 综合版画 邹振华
获广东省首届版画展二等奖

▌《无题》 综合版画 徐焕华
获海南国际少儿版画展一等奖

■《含笑春风》 综合版画 许侯洁
入选全国中小学绘画比赛优秀作品

▌《梦》 综合版画 黄蒋菲
获佛山市书画比赛一等奖

■《花语》 套色木刻 陈 曦 梁浩贤 罗绮琳 吴雨澄
谢雨洋 祝君浩 侯文俊 刘佳雯 周春余 钟晓晴 周汶筠
入选江苏东海国际版画展

▌《生机》 套色版画 刘穗玲
获广东省纪念改革开放三十周年绘画比赛二等奖

▌《众生相》 综合版画 邹振华
获南海区少儿艺术花会一等奖

▌《忆》 综合版画 吴志源

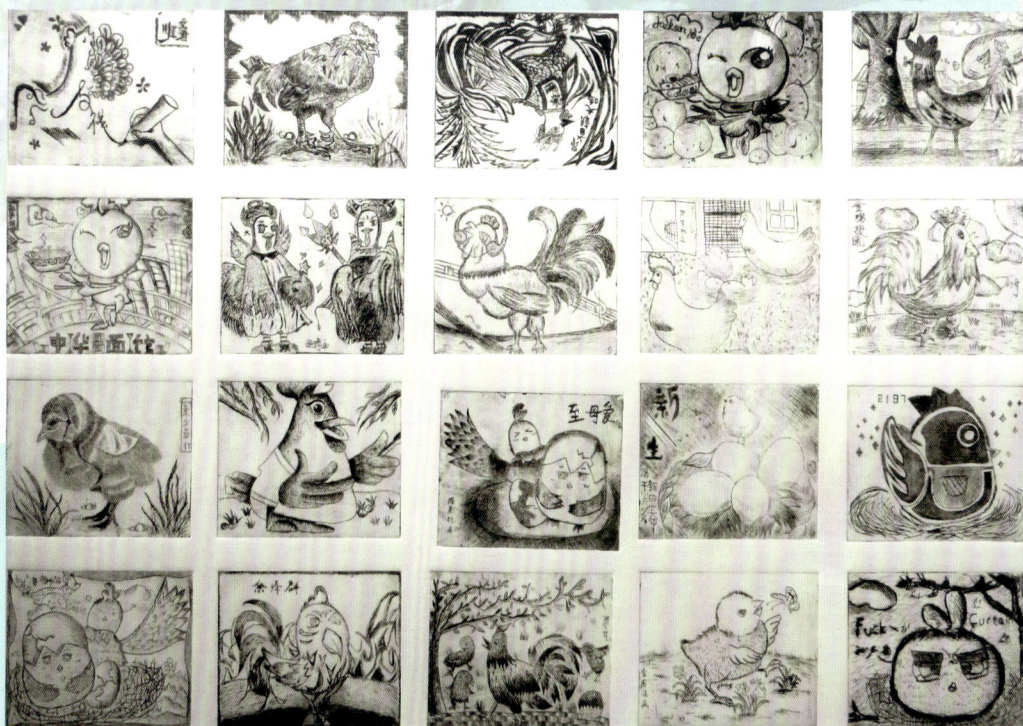

▌《鸡鸣喜报丰收果》 针刻版画 廖 艺 翁卓轩 陈晓琦 肖惠桐
获南海区校园艺术节一等奖

■《梦》 套色木刻 张泳仪

■ 《我的未来不是梦》 综合版画 董晓喧

■ 《马与琴》 套色木刻 成敏仪

▌《骑马》 综合版画 曾俊鹏

▮《康有为》 综合版画 曾俊鹏

▮《海底世界》 综合版画 谢思淇
获南海区科幻画比赛一等奖

■《海底的秘密 》 综合版画 杜喆瀚
获南海区校园艺术节书画比赛一等奖

■《精灵》 综合版画 徐焕华

■《海底世界》 纸版画 屈泓睿

■《芳心》 综合版画 董晓喧

■《爱在延伸》 套色木刻 李丽姗

■《海底世界》 套色木刻 张泳仪
获南海区书画比赛一等奖

■《幻变天城》 套色木刻 吴俊颖

■《海底世界》 套色木刻 蔡欣琳

▌《岭南建筑之美》 套色木刻

老均晴 冯芷萱 彭思源 颜古德 李毅琳 朱尚文 卜俊谦 黄静之 蔡欣洋

▌《狮舞岭南》 套色木刻

何致远 潘可儿 陈泳莹 李雅霖 黄海棠 梁晓楠 唐之韵